المدرسة - 学校	2
سفر - 旅行	5
نقل - 交通运输	8
مدينة - 城市	10
طبيعة ريفية - 地形	14
مطعم - 餐馆	17
سوبرماركت - 超市	20
مشروبات - 饮料	22
طعام - 食物	23
مزرعة - 农场	27
بيت - 房子	31
غرفة جلوس - 客厅	33
مطبخ - 厨房	35
الحمّام - 浴室	38
غرفة الأطفال - 儿童房	42
ثياب - 衣服	44
مكتب - 办公室	49
اقتصاد - 经济	51
المِهَن - 职业	53
عدة عمل - 工具	56
آلات موسيقية - 乐器	57
حديقة حيوانات - 动物园	59
رياضة - 体育	62
نشاطات - 活动	63
عائلة - 家	67
الجسم - 身体	68
المستشفى - 医院	72
حالة - 紧急情况	76
أرض - 地球	77
ساعة - 钟表	79
أسبوع - 周	80
سنة - 年	81
أشكال - 形状	83
ألوان - 颜色	84
الأضداد - 反义词	85
أرقام - 数字	88
اللغات - 语言	90
من / ماذا / كيف - 谁/什么/怎样	91
أين - 方位	92

Impressum
Verlag: BABADADA GmbH, Nedderfeld 112 , 22529 Hamburg
Geschäftsführer / Verlagsleitung: Harald Hof
Druck: Books on Demand GmbH, In de Tarpen 42, 22848 Norderstedt

Imprint
Publisher: BABADADA GmbH, Nedderfeld 112 , 22529 Hamburg, Germany
Managing Director / Publishing direction: Harald Hof
Print: Books on Demand GmbH, In de Tarpen 42, 22848 Norderstedt, Germany

1

المدرسة
学校

القسم
教室
يقسم
除
186/2
اللوح
黑板
المعلّم
老师
ورقة
纸
يكتب
书写
القلم
钢笔
طاولة المكتب
办公桌
المسطرة
直尺
الكتاب
书
التلميذ
学生

الحقيبة المدرسية
书包

المقلمة
铅笔盒

قلم الرصاص
铅笔

البرّاية
卷笔刀

المِمحاة
橡皮擦

دفتر الرسم
画板

الرسمة

图画

الفرشاة

画笔

علبة التلوين

颜料盒

المقص

剪刀

المادة اللاصقة

胶水

دفتر التمارين

练习册

الواجب المدرسي

家庭作业

الرقم

数字

يجمع

加

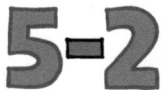

يطرح

减

يضرب

乘

يحسب

计算

الحرف

字母

الأبجدية

字母表

كلمة

字

النص

课文

يقرأ

读

الطبشور

粉笔

الحصة

上课

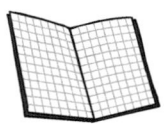

دفتر الدوام المدرسي

登记

الامتحان

考试

شهادة

证书

اللباس المدرسي

校服

التعليم

教育

الموسوعة

百科全书

الجامعة

大学

المِجهر

显微镜

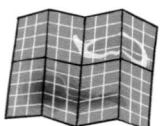

الخريطة

地图

قماما

废纸篓

سفر
旅行

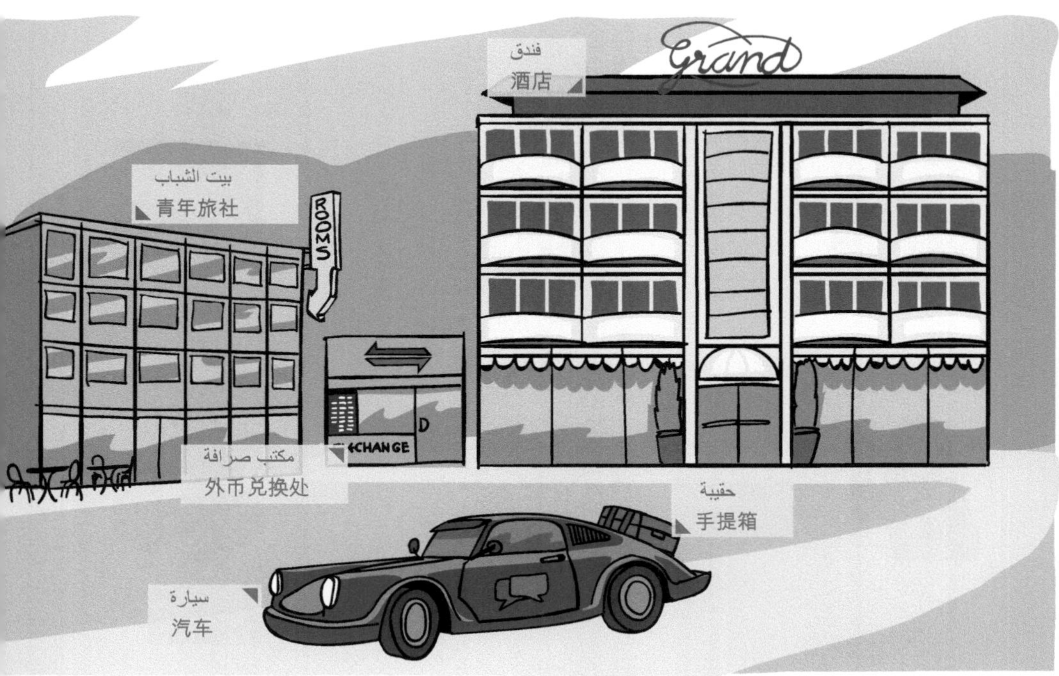

فندق
酒店
Grand
بيت الشباب
青年旅社
ROOMS
مكتب صرافة
外币兑换处
حقيبة
手提箱
سيارة
汽车

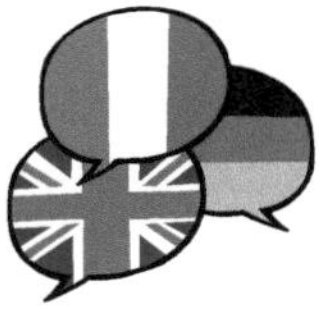

اللغة

语言

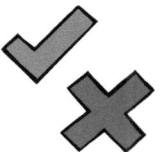

نعم / لا

是/否

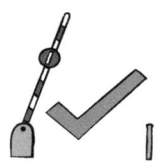

حسناً

好的

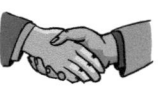

مرحباً

您好

مترجم

翻译员

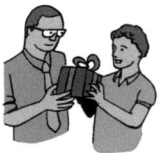

شكراً

谢谢

كم ثمن ... ؟
.....多少钱？

لا أفهم

我不明白

مشكلة

问题

مساء الخير

晚上好！

صباح الخير!

早上好！

ليلة سعيدة

晚安！

إلى اللقاء

再见

اتجاه

方向

أمتعة السفر

行李

حقيبة

包

حقيبة ظهر

双肩包

ضيف

客人

غرفة

房间

كيس للنوم

睡袋

خيمة

帐篷

سفر - 旅行

استعلامات سياحية

旅游信息

شاطئ

海滩

بطاقة ائتمان

信用卡

إفطار

早餐

طعام الغداء

午餐

العشاء

晚餐

بطاقة سفر

票

مصعد

电梯

طابع بريدي

邮票

حدود

边界

الجمارك

海关

سفارة

大使馆

تأشيرة

签证

جواز سفر

护照

نقل

交通运输

طائرة
飞机
سفينة
船
سيارة إطفاء
消防车
حافلة
سيارة شاحنة
卡车
زورق آلي
汽艇
درّاجة
自行车
سيارة
汽车

عبارة

摆渡船

قارب

小船

دراجة نارية

摩托车

سيارة شرطة

警车

سيارة سباق

赛车

سيارة مستأجرة

租车

أسلوب تشاركي في استئجار السيارات

拼车

سيارة للجر

拖车

سيارة نقل القمامة

垃圾车

محرك

发动机

وقود

汽油

محطة وقود

加油站

إشارة مرور

交通标志

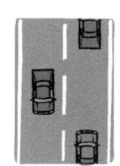

حركة السير

交通

ازدحام سير

交通堵塞

موقف سيارات

停车场

محطة قطار

火车站

سكك حديدية

轨道

قطار

火车

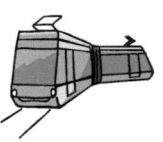

ترام

电车

عربة قطار

货车

طائرة مروحية

直升机

مطار

机场

برج

塔

مسافر

乘客

حاوية

集装箱

علبة كرتون

纸板箱

عربة يد

手推车

سلّة

篮子

يقلع / يهبط

起飞/降落

مدينة

城市

قرية

村庄

مركز المدينة

市中心

بيت

房子

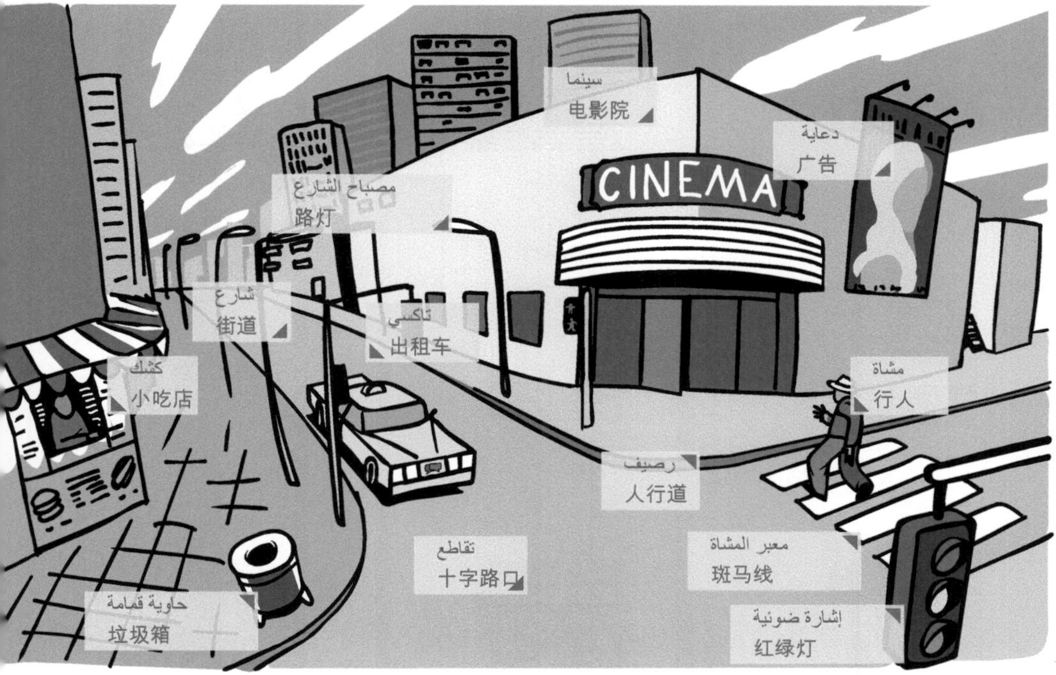

CINEMA
سينما
电影院
دعاية
广告
مصباح الشارع
路灯
شارع
街道
تاكسي
出租车
كشك
小吃店
مشاة
行人
رصيف
人行道
تقاطع
十字路口
معبر المشاة
斑马线
حاوية قمامة
垃圾箱
إشارة ضوئية
红绿灯

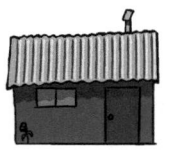

كوخ

小屋

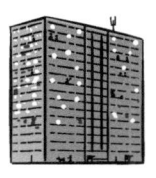

شقة

公寓

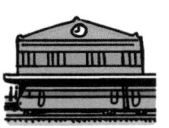

محطة قطار

火车站

دار البلدية

市政厅

MUSEUM

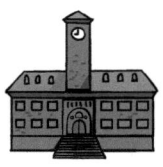

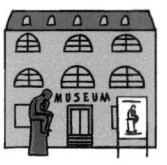

متحف

博物馆

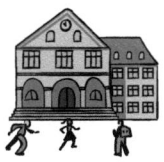

المدرسة

学校

الجامعة

大学

مصرف

银行

المستشفى

医院

فندق

酒店

صيدلية

药房

مكتب

办公室

مكتبة

书店

متجر

商店

محل لبيع الزهور

花店

سوبرماركت

超市

سوق

市场

متجر كبير

百货商店

تاجر السمك

鱼店

مركز تسوّق

购物中心

ميناء

海港

حديقة عامة

公园

مقعد

长凳

جسر

桥

درج، سلم

楼梯

مترو

地铁

نفق

隧道

موقف حافلات

公交车站

بار

酒吧

مطعم

餐馆

صندوق البريد

邮筒

لافتة باسم الشارع

路标

مقياس زمن الوقوف

停车计时器

حديقة حيوانات

动物园

مسبح

游泳馆

مسجد

清真寺

مزرعة

农场

تلوث البيئة

污染

مقبرة

墓地

كنيسة

教堂

ملعب الأطفال

操场

معبد

寺庙

طبيعة ريفية

地形

ورقة
树叶
علامة إرشاد
指示牌
طريق
路
مرج
حجر
石头
رحالة
徒步旅行者
شجرة
树
نهر
河
عشب
草
زهرة
花

وادٍ

峡谷

جبل

山

بحيرة

湖

غابة

森林

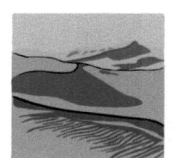

صحراء

沙漠

بركان

火山

قلعة

城堡

قوس قزح

彩虹

فِطر

蘑菇

نخلة

棕榈树

بعوض

蚊子

ذبّانة

苍蝇

نملة

蚂蚁

نحلة

蜜蜂

عنكبوت

蜘蛛

خنفساء
甲虫

ضفدعة
青蛙

سنجاب
松鼠

قنفذ
刺猬

أرنب
野兔

بومة
猫头鹰

عصفور
鸟

بجعة
天鹅

خنزير برّي
野猪

غزال
鹿

إلكة
麋鹿

سد
水坝

دولاب الطاحونة الهوائية
风力发电机

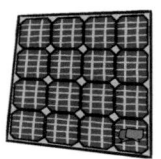

خلية شمسية
太阳能电池板

مناخ
气候

مطعم

餐馆

نادل
服务员
لائحة الطعام
菜单
كرسي
椅子
حساء
汤
بيتزا
披萨饼
غطاء المائدة
桌布
أدوات المائدة

مقبلات

前菜

الصحن الرئيسي

主菜

حلوى أو فاكهة بعد الطعام

甜点

مشروبات

饮料

طعام

食物

زجاجة

瓶子

وجبات سريعة

快餐

طعام الشارع

街边小吃

إبريق الشاي

茶壶

علبة السكر

糖盒

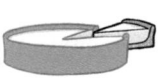

حصّة

一份饭菜

آلة الإسبريسو

意式咖啡机

كرسي عالٍ

高脚椅

فاتورة

账单

صينية

托盘

سكين

刀

شوكة

餐叉

ملعقة

勺子

ملعقة الشاي

茶匙

منديل المائدة

餐巾

كأس

玻璃杯

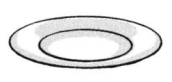

صحن

碟子

صحن الحساء

汤盘

صحن الفنجان

碟子

صلصة

酱

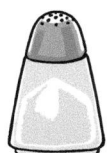

مملحة

盐瓶

مطحنة الفلفل

胡椒磨

خلّ

醋

زيت الطعام

食用油

توابل

调味料

كتشاب

番茄酱

خردل

芥末

مايونيز

蛋黄酱

سوبرماركت
超市

عرض خاص
特价
FOR
زبون
顾客
مشتقات الحليب
乳制品
فواكه
水果
عربة تسوق
购物车

جزّار

肉铺

مخبز

面包房

يزن

称重

خضار

蔬菜

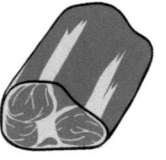

لحم

肉

المأكولات المجمّدة

冷冻食品

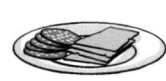

مرتدلا أو جبن

冷盘

معلّبات

罐头食品

مسحوق الغسيل

洗衣粉

حلويات

甜食

المواد المنزلية

日用品

منظّفات

清洁用品

بائعة

销售員

صندوق الحساب

收银机

أمين صندوق

收银员

قائمة المشتريات

购物清单

أوقات العمل

开放时间

محفظة النقود

钱包

بطاقة ائتمان

信用卡

حقيبة

袋子

كيس بلاستيكي

塑料袋

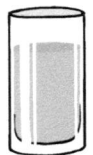

مشروبات

饮料

ماء

水

عصير

果汁

حليب

牛奶

كولا

可乐

نبيذ

红酒

بيرة

啤酒

كحول

酒

كاكاو

可可

شاي

茶

قهوة

咖啡

قهوة إسبريسو

意式浓缩咖啡

كابوتشينو

卡布奇诺

موزة

....

香蕉

تفاح

....

苹果

برتقال

....

橙子

بطيخ

....

西瓜

ليمون

....

柠檬

جزرة

....

胡萝卜

ثوم

....

大蒜

خيزران

....

竹子

بصل

....

洋葱

فِطر

....

蘑菇

لوزيات

....

坚果

شعيرية

....

面条

سباغيتي

意大利面条

أرزّ

米饭

سلطة

沙拉

بطاطا مقلية

薯条

بطاطا مقلية

炸土豆

بيتزا

披萨饼

هامبورغر

汉堡包

ساندويش

三明治

شريحة لحم مقلية

炸猪排

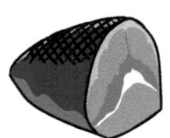

لحم خنزير

火腿

سلامي

萨拉米

سجق

香肠

دجاج

鸡肉

لحم محمر

烤肉

سمك

鱼

دقيق الشوفان

燕麦片

موسلي

穆兹利

كورن فلكس

玉米片

طحين

面粉

كرواسان

羊角面包

خبز صغير

面包卷

خبز

面包

خبز محمص

烤面包

بسكويت

饼干

زبدة

黄油

لبن زبادي

凝乳

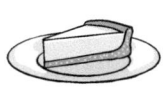

كعكة

蛋糕

بيضة

蛋

بيض مقلي

煎蛋

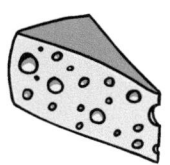

جبنة

奶酪

مثلجات

冰激凌

سگر

糖

عسل

蜂蜜

مربّى الفاكهة

果酱

كريم النوغا

巧克力酱

الكاري

咖喱饭

مزرعة
农场

مخزن غلال
粮仓
رزمة من التبن
稻草捆
حقل
田野
حصان
马
مقطورة
拖车
جرار
拖拉机
مهر
马驹
حمار
驴
خروف
羊
خروف
羔羊

ماعز
山羊

بقرة
奶牛

عجل
牛犊

خنزير
猪

خنزير صغير
小猪

ثور
公牛

إوزّة

鹅

بطة

鸭

صوص

小鸡

دجاجة

母鸡

ديك

公鸡

جرذ

鼠

قطة

猫

فأر

老鼠

ثور

牛

كلب

狗

كوخ الكلب

狗屋

خرطوم الحديقة

花园浇水软管

إبريق

洒水壶

منجل

长柄大镰刀

المحراث

犁

منجل

镰刀

معزقة

锄头

مذراة الزبل

长柄草耙

بلطة

斧头

عربة يد

独轮手推车

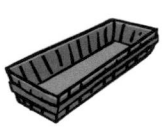

معلف

饲料槽

صفيحة الحليب

牛奶罐

كيس

麻布袋

سياج

栅栏

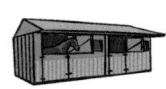

اصطبل

马厩

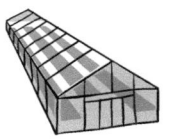

دفيئة

温室

تربة

土壤

بذور

种子

سماد

肥料

حصّادة درّاسة

联合收割机

يحصد

收割

محصول

收割

بطاطا يامس

山药

قمح

小麦

صويا

大豆

بطاطا

土豆

ذرة

玉米

سلجم

油菜籽

شجرة فاكهة

果树

نبات منيهوت

树薯

الحبوب

谷物

بيت

房子

مدخنة
烟囱
سقف
屋顶
مزراب
落水管
نافذة
窗户
مرآب
车库
جرس الباب
门铃
باب
门
垃圾桶
صندوق البريد
信箱
حديقة
花园

غرفة جلوس

客厅

الحمّام

浴室

مطبخ

厨房

غرفة النوم

卧室

غرفة الأطفال

儿童房

غرفة الطعام

餐厅

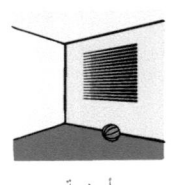

أرضية

地板

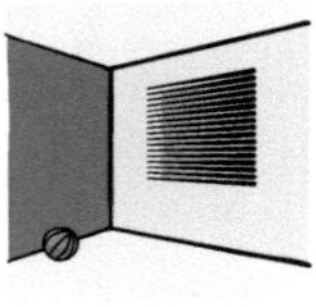

حائط

墙壁

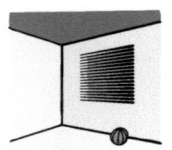

سقف

吊顶

قبو

地窖

ساونا

桑拿

بلكون

阳台

شرفة

露台

مسبح

游泳池

جزّازة العشب

割草机

بياضات السرير

被单

بطانية

床罩

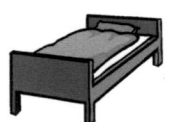

سرير

床

مكنسة

扫帚

سطل

水桶

مفتاح كهربائي

开关

غرفة جلوس

客厅

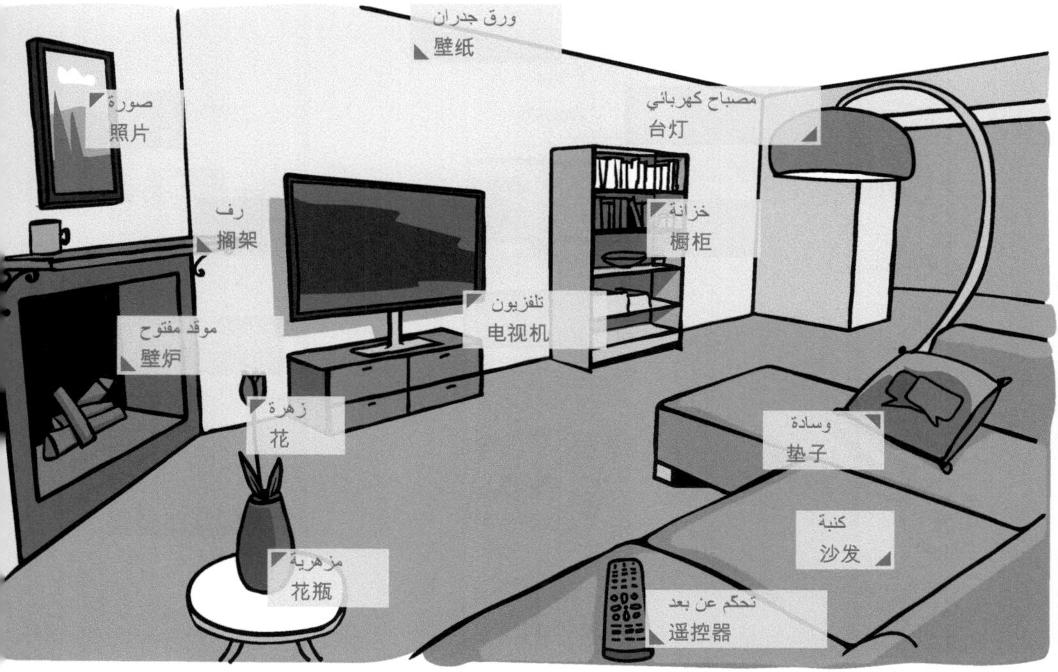

ورق جدران
壁纸
صورة
照片
مصباح كهربائي
台灯
رف
搁架
خزانة
橱柜
تلفزيون
电视机
موقد مفتوح
壁炉
زهرة
花
وسادة
垫子
كنبة
沙发
مزهرية
花瓶
تحكم عن بعد
遥控器

بصاط

地毯

ستارة

窗帘

طاولة

餐桌

كرسي

椅子

كرسي هزّاز

摇椅

كرسي ذو ذراعين

扶手椅

الكتاب

书

بطانية

毯子

زخرفة

装饰品

الحطب

木柴

فيلم

电影

تجهيزات ستيريو

高保真音响

مفتاح

钥匙

جريدة

报纸

لوحة مرسومة

油画

مُلصق

海报

راديو

收音机

دفتر ملاحظات

笔记本

المكنسة الكهربائية

吸尘器

صبّار

仙人掌

شمعة

蜡烛

مطبخ
厨房

برّاد
冰箱
ميكروويف
微波炉
ميزان المطبخ
محمصة الخبز
烤面包机
منظفات
洗洁精
فرن
烤箱
ثلاجة
冰柜
قماما
垃圾桶
جلاية
洗碗机

موقد
炊具

قِدر
锅

وعاء من الحديد
铸铁锅

قدر صيني
炒锅

مقلاة
平底锅

غلاية
水壶

قدر البخار

蒸锅

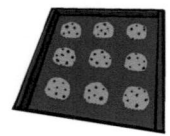

صينية

烤盘

أواني

陶瓷锅

فنجان

马克杯

صحن

碗

عيدان الأكل

筷子

مغرفة

长柄勺

ملعقة منبسطة

铲子

خفاقة

搅拌器

مصفاة

滤网

مصفاة

筛子

مبشرة

磨碎机

هاون

研钵

شواء

烧烤

موقد

明火

لوح التقطيع

菜板

نشّابة

擀面杖

مفتاح الزجاجات

开瓶器

علبة

罐子

مفتاح العلب المعدنية

开罐器

قماش الفرن

隔热手套

مجلى

水槽

فرشاة

刷子

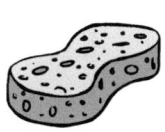

إسفنج

海绵

خلاط

搅拌机

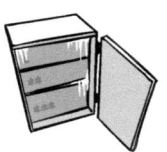

مجمّدة

冷藏箱

زجاجة الطفل

奶瓶

صنبور الماء

水龙头

الحمّام
浴室

تدفئة
供暖设备
دوش
淋浴
منشفة
毛巾
ستارة الدوش
浴帘
حمام رغوة
泡沫浴
كأس
玻璃杯
غسّالة
洗衣机
صنبور الماء
水龙头
بلاط
瓷砖
قفازات مطاطية
便壶
مجلى
水槽

حمام

厕所

مرحاض القرفصاء

蹲便器

حوض التشطيف

坐浴器

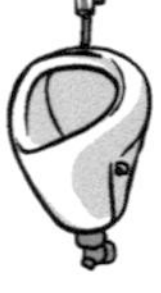

مبولة

小便池

ورق المرحاض

厕纸

فرشاة الحمام

马桶刷

فرشاة الأسنان

牙刷

معجون الأسنان

牙膏

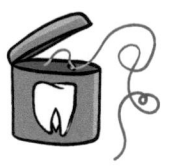

خيط حرير لتنظيف الأسنان

牙线

يغسل

洗

رشاش ماء يدوي

手持式喷淋头

شطاف

冲洗器

حوض الغسيل

洗脸盆

فرشاة الظهر

擦背刷

صابون

肥皂

جيل الدوش

沐浴露

شامبو

洗发水

ممسحة

法兰绒

مصرف للماء

排水

مرهم

乳霜

مزيل الروائح

除臭剂

مرآة

镜子

مرآة يد

手镜

موس حلاقة

剃须刀

رغوة الحلاقة

剃须泡沫

كولونيا

须后水

مشط

梳子

فرشاة

刷子

سشوار

吹风机

مثبت للشعر

喷发定型剂

ماكياج

化妆品

روج

唇膏

طلاء أظافر

指甲油

قطن

化妆棉

مقص أظافر

指甲剪

عطر

香水

سلة الغسيل

洗漱包

مقعد صغير

凳子

ميزان

计重秤

معطف الحمام

浴袍

قفازات مطاطية

橡胶手套

سدادة قطنية

卫生棉条

منشفة صحية

卫生巾

تواليت كيميائية

化学厕所

غرفة الأطفال

儿童房

منبّه
闹钟
الحيوانات المحنطة
毛绒玩具
سيارة لعبة
玩具车
خشخشة
بيت الدمى
玩具屋
هدية
礼物

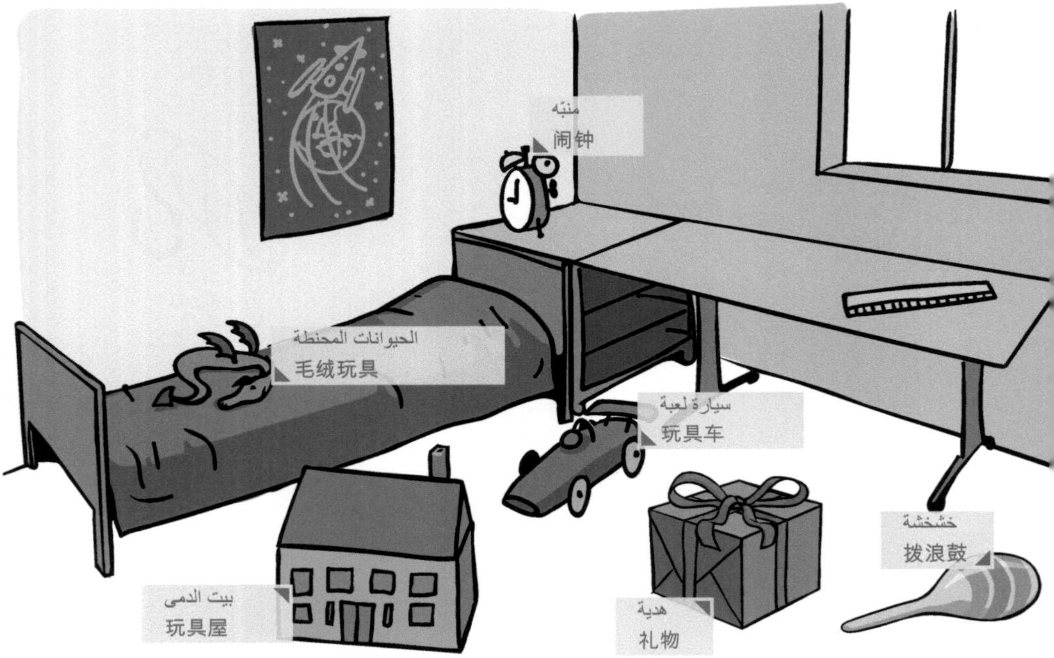

بالون

气球

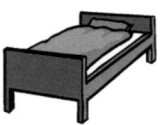

سرير

床

عربة الأطفال

（洋娃娃用）婴儿车

لعبة الورق

扑克牌

أحجية

拼图

رسوم هزلية

漫画

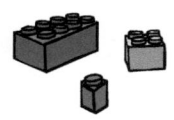

أحجار الليغو

乐高积木

حجارة تركيب

积木玩具

دمية بطل

玩具人

لباس الطفل

婴儿服

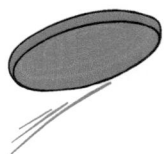

فريسبي

飞盘

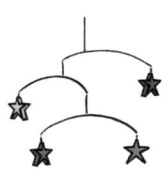

دمية معلقة

床铃玩具

لعبة الطاولة

棋盘游戏

لعبة النرد

骰子

لعبة قطار

火车模型

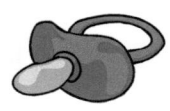

مصّاصة

安抚奶嘴

حفلة

聚会

كتاب مصوّر

绘本

كرة

球

دمية

洋娃娃

يلعب

玩

ملعب رملي للأطفال

沙坑

أرجوحة

秋千

لعبة

玩具

ألعاب فيديو

游戏机

دراجة ثلاثية

三轮车

دمية على شكل الدب

泰迪熊

خزانة الثياب

衣柜

ثياب

衣服

جوارب قصيرة

袜子

جوارب طويلة

长袜

جورب بنطلون

紧身裤

شال
围巾

شمسية
雨伞

تى شيرت
T恤

حزام
皮带

حذاء شتوي
靴子

شبشب
拖鞋

أحذية رياضية
运动鞋

صندل
凉鞋

حذاء
鞋

جزمة كاوتشوك
雨靴

سروال داخلي
内裤

صدّارة
胸罩

قميص داخلي
背心

لباس ملاصق للجسم

身体

بنطلون

裤子

جينز

牛仔裤

تنورة

短裙

بلوزة

女式衬衫

قميص

衬衫

سترة قطنية

套头衫

كنزة كم طويل

卫衣

سترة فضفاضة

西装夹克

سترة

夹克

معطف

外套

معطف مطري

雨衣

زي - طقم نسائي

套装

ثوب

连衣裙

ثوب الزفاف

婚纱

طقم

西装

قميص نوم

睡袍

بيجاما

睡衣

ساري

莎丽

حجاب

头巾

عمامة

包头巾

برقع

波卡

قفطان

卡夫坦

عباءة

(阿拉伯式)长袍

مايوه

泳衣

سروال سباحة

男式泳裤

شرت

短裤

بدلة رياضية

运动服

مئزر

围裙

قفازات

手套

زر

纽扣

نظّارة

眼镜

إسوارة

手链

عقد

项链

خاتم

戒指

قرط

耳环

طاقيّة

便帽

علاقة ثياب

衣架

قبّعة

帽子

ربطة العنق

领带

سحّاب

拉链

خوذة

头盔

حمّالة البنطلون

背带

اللباس المدرسي

校服

زي موحّد

制服

مريلة الأطفال

围兜

مصّاصة

安抚奶嘴

لفافة

尿不湿

مكتب

办公室

المخدّم
服务器
خزانة الملفات
文件柜
ورقة
纸
طابعة
打印机
شاشة
显示屏
طاولة المكتب
فارة
鼠标
ملف
文件夹
لوحة المفاتيح
键盘
قماما
废纸筐
حاسوب
电脑
كرسي
椅子

كأس من القهوة

咖啡杯

الآلة الحاسبة

计算器

الإنترنت

因特网

الحاسوب المحمول

笔记本电脑

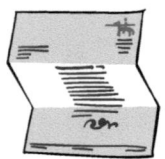

رسالة

信件

خبر

消息

الهاتف المحمول

手机

شبكة

网络

جهاز تصوير

复印机

البرمجيات

软件

هاتف

电话

مقبس كهربائي

插座

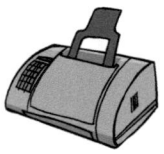

فاكس

传真机

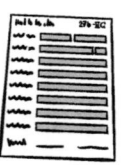

استمارة

表格

وثيقة

文件

يشتري

买

يدفع

付钱

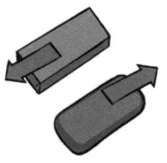

يتاجر

交易

مال

现金

دولار

美元

يورو

欧元

ين

日元

روبل

卢布

فرنك سويسري

瑞士法郎

يوان

人民币

روبية

卢比

صرّاف آلي

提款处

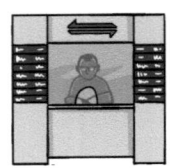

مكتب صرافة

外币兑换处

ذهب

金

فضة

银

نفط

石油

طاقة

能源

سعر

价格

عقد

合同

ضريبة

税金

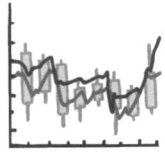

سهم

股票

يعمل

工作

موظف

职员

رب العمل

老板

مصنع

工厂

متجر

商店

المِهَن
职业

الشرطي
警官
رجل إطفاء
消防员
طبّاخ
厨师
الطبيب
医生
طيّار
飞行员

بستاني

园丁

نجّار

木匠

خيّاطة

裁缝

قاض

法官

كيميائي

化学家

ممثل

演员

سائق حافلة

公交车司机

سائق تاكسي

出租车司机

صياد سمك

渔夫

أجيرة للتنظيف

清洁女工

بنّاء سقف

屋顶工

نادل

服务员

صيّاد

猎人

رسّام

画家

خباز

面包师

كهربائي

电工

عامل بناء

建筑工人

مهندس

工程师

لحّام

屠夫

سمكري

水管工

ساعي البريد

邮递员

جندي

士兵

مهندس معماري

建筑师

أمين صندوق

收银员

بائع الزهور

花农

حلاق

理发师

مراقب القطار

售票员

ميكانيكي

机械师

قبطان

船长

طبيب أسنان

牙医

رجل العلم

科学家

حاخام

拉比

إمام

伊玛目

راهب

和尚

كاهن

牧师

عدة عمل

工具

مطرقة
铁锤
كمّاشة
钳子
مفك البراغي
螺丝刀
مفتاح ربط
扳手
مصباح يد
手电筒

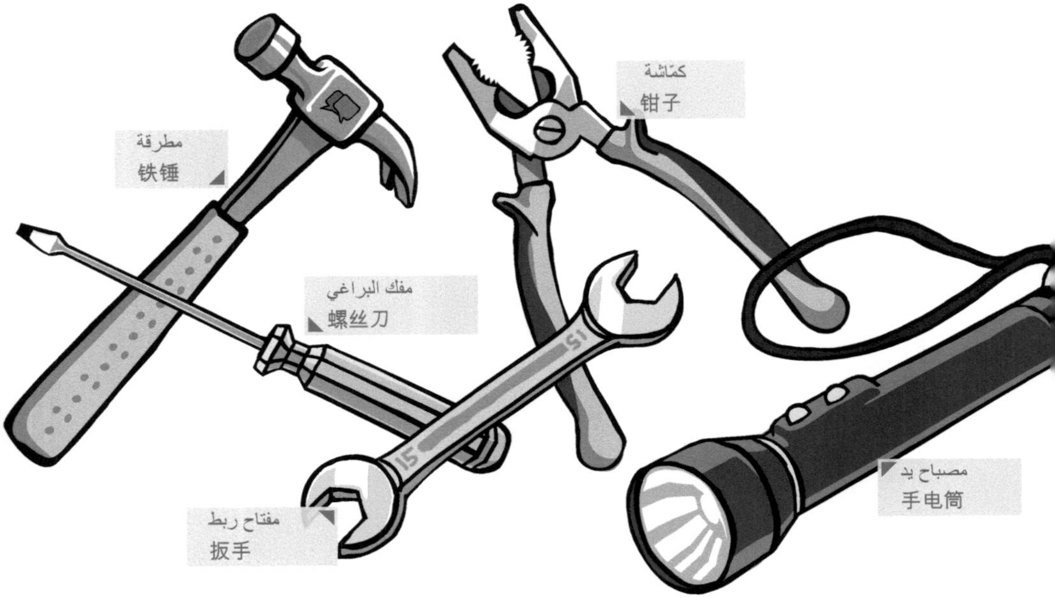

جرافة

挖掘机

صندوق العدة

工具箱

سلّم

梯子

منشار

锯子

مسامير

钉子

مثقب

钻机

يصلح
修

مجرفة
铲子

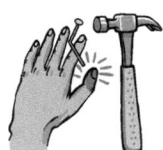

اللعنة
靠！

لقاطة الكناسة
簸箕

سطل الألوان
油漆桶

براغي
螺丝

آلات موسيقية
乐器

مكبر الصوت
扬声器

آلات الإيقاع
打击乐器

غيتار
吉他

كمان أجهر
低音提琴

بوق
小号

بيانو

钢琴

كمنجة

小提琴

جهير

贝斯

طبل كبير

定音鼓

طبل

鼓

بيانو كهربائي

电子琴

ساكسوفون

萨克斯管

ناي

长笛

ميكروفون

麦克风

حديقة حيوانات

مدخل
入口
نمر
老虎
قفص
笼子
حمار الوحش
斑马
علف للحيوانات
动物饲料
دب باندا
熊猫

حيوانات
动物

فيل
大象

كنغر
袋鼠

وحيد القرن
犀牛

غوريلا
大猩猩

دب
熊

حديقة حيوانات - 动物园

جمل

骆驼

نعامة

鸵鸟

أسد

狮子

قرد

猴子

طائر فلامينغو

火烈鸟

ببغاء

鹦鹉

دب قطبي

北极熊

بطريق

企鹅

سمك القرش

鲨鱼

طاووس

孔雀

أفعى

蛇

تمساح

鳄鱼

حارس في حديقة الحيوان

动物园管理员

عجل البحر

海豹

نمر أمريكي مرقط

美洲豹

فرس قزم

矮种马

نمر

豹

فرس النهر

河马

زرافة

长颈鹿

نسر

老鹰

خنزير برّي

野猪

سمك

鱼

سلحفاة

龟

حيوان فظ البحري

海象

ثعلب

狐狸

غزال

羚羊

رياضة
体育

كرة القدم الأمريكية
橄榄球
ركوب الدراجات
骑自行车
كرة التنس
网球
كرة السلة
篮球
السباحة
游泳
هوكي الجليد
冰球
الملاكمة
拳击

كرة القدم

英式足球

الريشة الطائرة

羽毛球

ألعاب القوى الخفيفة

田径

كرة اليد

手球

التزلج على الثلج

滑雪

بولو

马球

يضحك
笑

يقفز
跳

يعانق
拥抱

يمشي
走路

يغنّي
唱

يحلم
做梦

يصلّي
祈祷

يقبّل
亲吻

يكتب
书写

يرسم
画

يُري
展示

يدفع
推

يعطي
给

يأخذ
拿

يملك
有

يعمل
做

يوجد
当

يقف
站

يركض
跑

يسحب
拉

يرمي
扔

يقع
摔倒

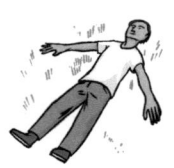

يستلقي
躺

ينتظر
等待

يحمل
携带

يجلس
坐

يلبس
穿衣

ينام
睡觉

يستيقظ
醒来

ينظر إلى ..

看

يبكي

哭

يمسّد

抚摸

يمشّط

梳头

يتكلم

交谈

يفهم

明白

يسأل

问

يسمع

听

يشرب

喝

يأكل

吃

يرتب

清理

يحب

爱

يطبخ

做饭

يقود

开车

يطير

飞

يبحر بزورق شراعي

航行

يحسب

计算

يقرأ

读

يتعلم

学习

يعمل

工作

يتزوج

结婚

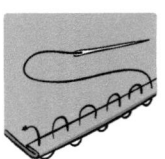

يخيط

缝

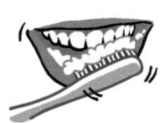

ينظف أسنانه

刷牙

يقتل

杀

يدخن

抽烟

يرسل

寄

جدّة
祖母
جدّ
祖父
أب
父亲
أم
母亲
الطفل
婴童
ابنة
女儿
ابن
儿子

ضيف

客人

عمّة / خالة

阿姨

عمّ / خال

叔叔

أخ

兄弟

أخت

姐妹

الجسم
身体

الجبين
前额
العين
眼睛
الكتف
肩膀
الإصبع
手指
الوجه
脸
الذقن
下巴
اليد
手
الساق
腿
الصدر
乳房
الذراع
手臂

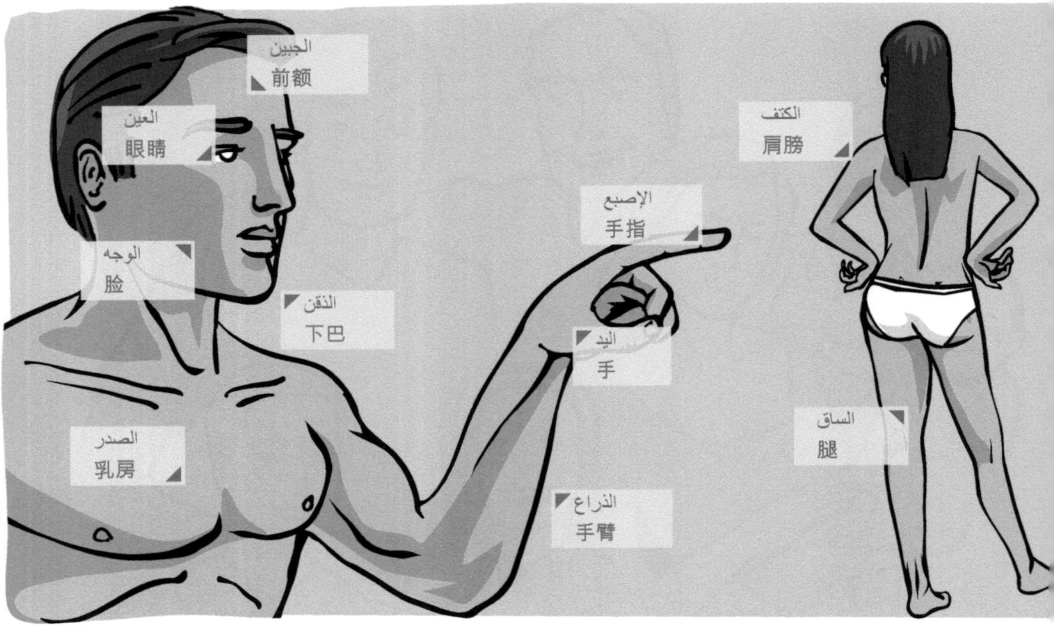

الطفل

婴童

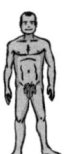

الرجل

男人

المرأة

女人

البنت

女孩

الولد

男孩

الرأس

头

الظهر

背部

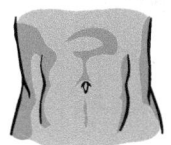

البطن

肚子

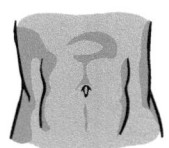

السرّة

肚脐

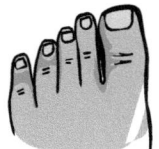

إصبع القدم

脚趾

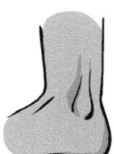

الكعب

脚后跟

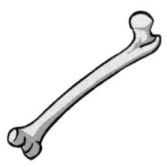

العظم

骨头

الورك

臀部

الركبة

膝盖

المِرفق

手肘

الأنف

鼻子

العَجُز

屁股

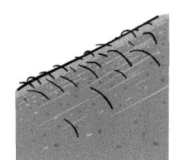

البشرة

皮肤

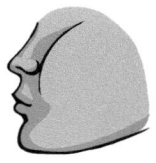

الخد

脸颊

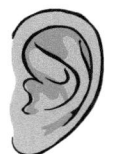

الأذن

耳朵

الشفة

嘴唇

الفم

嘴

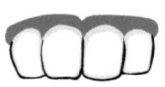

السن

牙齿

اللسان

舌头

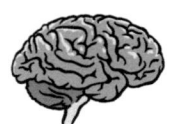

الدماغ

脑

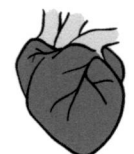

القلب

心脏

العضلة

肌肉

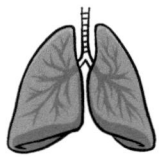

الرئة

肺

الكبد

肝脏

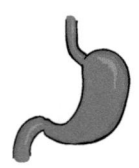

المعدة

胃

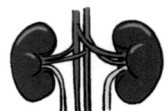

الكِلى

肾脏

الاتصال الجنسي

性交

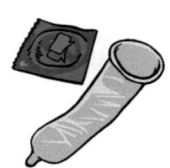

الواقي المطاطي

避孕套

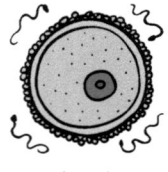

البويضة

卵子

المنيّ

精子

الحمل

怀孕

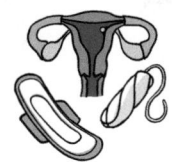

الحيض

月经

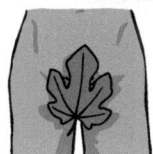

المهبل

阴道

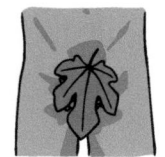

القضيب

阴茎

الحاجب

眉毛

الشعر

头发

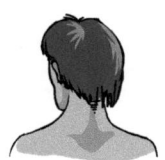

الرقبة

脖子

المستشفى
医院

المستشفى
医院

سيارة الإسعاف
救护车

الكرسي المتحرك
轮椅

كسر
骨折

الطبيب
医生

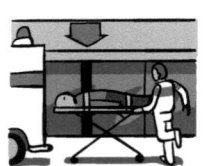

غرفة الإسعاف
急诊室

الممرضة
护士

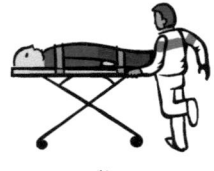

حالة
紧急情况

مغمى عليه
昏迷

الألم
痛

إصابة

受伤

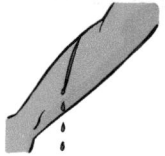

النزيف

出血

احتشاء القلب

心脏病发作

جلطة

中风

حسسية

过敏

السعال

咳嗽

الحُمّى

发烧

إنفلونزا

流感

الإسهال

腹泻

وجع الرأس

头痛

السرطان

癌症

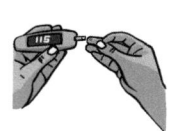

مرض السكر

糖尿病

جرّاح

外科医生

مبضع

手术刀

عملية

手术

سيتي سكان

CT

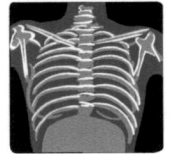

الأشعة السينية

X光

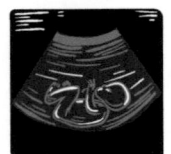

فوق الصوتي

超声波

القناع

口罩

المرض

疾病

غرفة الانتظار

候诊室

العُكاز

拐杖

شريط لاصق

石膏

ضماد

绷带

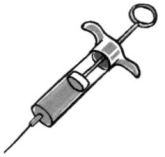

حقنة

注射

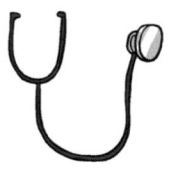

سمّاعة الطبيب

听诊器

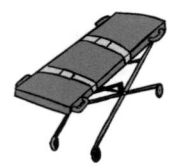

نقالة

担架

ميزان حرارة

体温计

ولادة

出生

وزن زائد

超重

جهاز السمع

助听器

المواد المعقمة

消毒液

عدوى

感染

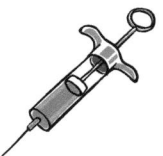

فيروس

病毒

الإيدز

艾滋病

الطب

药物

اللقاح

接种疫苗

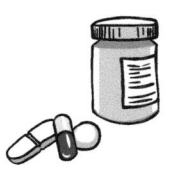

أقراص الدواء

药片

حبّة الدواء

药丸

نداء النجدة

急救电话

مقياس ضغط الدم

血压计

مريض / صحيح

生病/健康

حالة

紧急情况

النجدة!

救命！

إنذار

警报

اعتداء

突击

هجوم

攻击

خطر

危险

مخرج طوارئ

紧急出口

حريق!

着火啦！

جهاز الإطفاء

灭火器

حادث

意外

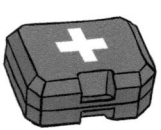

حقيبة الإسعاف الأولي

急救箱

أنقذونا

呼救信号

الشرطة

警察

أوروبا

欧洲

أمريكا الشمالية

北美洲

أمريكا الجنوبية

南美洲

أفريقيا

非洲

آسيا

亚洲

أستراليا

澳洲

المحيط الأطلسي

大西洋

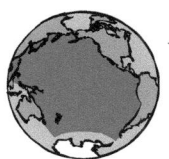

المحيط الهادي

太平洋

المحيط الهندي

印度洋

المحيط المتجمد الجنوبي

南冰洋

المحيط المتجمد الشمالي

北冰洋

القطب الشمالي

北极

أرض

地球

منطقة القطب الجنوبي

南极洲

القطب الجنوبي

南极

جزيرة

岛

بحر

海

بر

陆地

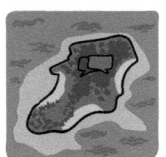

دولة

国家

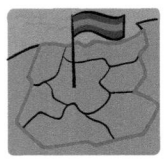

أمة

国家

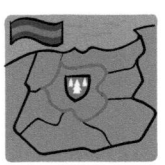

ساعة

钟表

ميناء الساعة

钟面

عقرب الساعات

时针

عقرب الدقائق

分针

عقرب الثواني

秒针

كم الساعة الآن؟

现在几点？

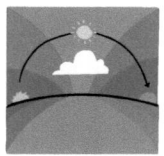

يوم

天

زمن

时间

الآن

现在

ساعة رقمية

电子表

دقيقة

分

ساعة

时

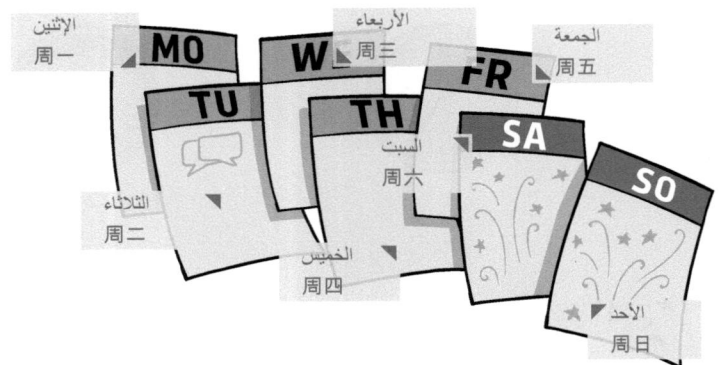

أسبوع

周

MO
TU
الثلاثاء
周二
WE
الأربعاء
周三
TH
الخميس
周四
FR
الجمعة
周五
SA
السبت
周六
الأحد
周日

21

الأمس

昨天

2

اليوم

今天

3

غداً

明天

الصباح

早晨

الظهر

中午

المساء

晚上

MO TU WE TH FR SA SU
1 2 3 4 5 6 7
8 9 10 11 12 13 14
15 16 17 18 19 20 21
22 23 24 25 26 27 28
29 30 31 1 2 3 4

أيام العمل

工作日

MO TU WE TH FR SA SU
1 2 3 4 5 6 7
8 9 10 11 12 13 14
15 16 17 18 19 20 21
22 23 24 25 26 27 28
29 30 31 1 2 3 4

نهاية الأسبوع

周末

سنة

年

مطر
雨
قوس قزح
彩虹
ريح
风
ثلج
雪
الربيع
春
الصيف
夏
الخريف
秋
الشتاء
冬

التنبؤ بالحالة الجوية

天气预报

مقياس حرارة

温度计

ضوء الشمس

阳光

سحابة

云

ضباب

雾

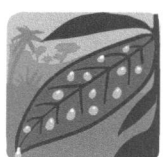

رطوبة الجو

潮湿

برق

闪电

رعد

打雷

عاصفة

风暴

بَرَد

冰雹

ريح موسمية

季风

طوفان

洪水

جليد

冰

كانون الثاني / يناير

一月

شباط / فبراير

二月

آذار / مارس

三月

نيسان / أبريل

四月

أيار / مايو

五月

حزيران / يونيو

六月

تموز / يوليو

七月

آب / أغسطس

八月

أيلول / سبتمبر

九月

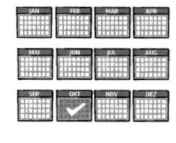

تشرين الأول / أكتوبر

十月

تشرين الثاني / نوفمبر

十一月

كانون الأول / ديسمبر

十二月

أشكال

形状

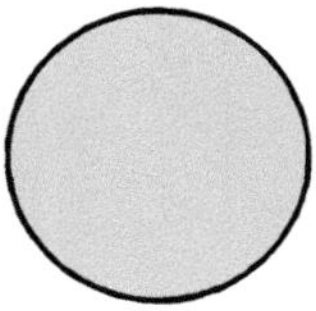

دائرة

圆形

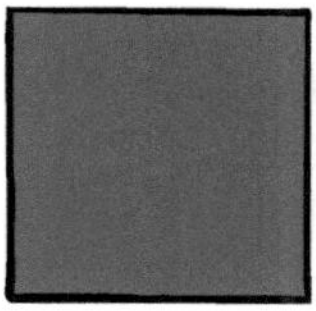

مربّع

正方形

مستطيل

长方形

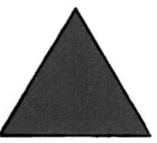

مثلّث

三角形

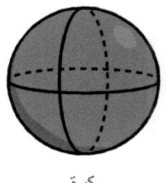

كرة

球体

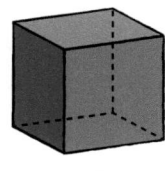

مكعب

立方体

ألوان
颜色

أبيض

白

أصفر

黄

برتقالي

橙

وردي

粉

أحمر

红

بنفسجي

紫

أزرق

蓝

أخضر

绿

بنّي

棕

رمادي

灰

أسود

黑

الأضداد

反义词

جميل / قبيح

美/丑

غضبان / هادئ

生气/平静

كثير / قليل

很多/少许

فاتح / قاتم

明/暗

كبير / صغير

大/小

بداية / نهاية

首/尾

كامل / ناقص

完整/缺失

نظيف / وسخ

干净/肮脏

أخ / أخت

兄弟/姐妹

عريض / ضيّق

宽/窄

ميت / حيّ

死/生

نهار / ليل

白天/晚上

صالح للأكل / غير صالح

可食用/非食用

شرّير / لطيف

邪恶/善良

مثير / ممل

兴奋/无聊

سمين / نحيف

胖/瘦

أولاً / أخيراً

第一/最后

صديق / عدو

朋友/敌人

مليء / فارغ

满/空

صلب / ليّن

硬/软

ثقيل / خفيف

重/轻

جوع / عطش

饿/渴

مريض / صحيح

生病/健康

غير شرعي / شرعي

非法/合法

ذكي / غبي

聪明/愚笨

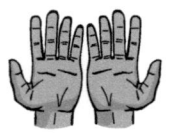

يسار / يمين

左/右

قريب / بعيد

近/远

جديد / مستعمل

新/旧

لا شيء / بعض الشيء

没有/有些

مسِن / شاب

老/幼

يشعل / يطفئ

开/关

مفتوح / مغلق

打开/合上

خافت / عالٍ

安静/吵闹

غني / فقير

富/穷

صح / خطأ

对/错

أحرش / املس

粗糙/光滑

حزين / سعيد

伤心/高兴

قصير / طويل

短/长

بطيء / سريع

慢/快

مبلول / جاف

湿/干

ساخن / بارد

温暖/凉爽

حرب / سلم

战争/和平

0
صفر
零

1
واحد
一

2
اثنان
二

3
ثلاثة
三

4
أربعة
四

5
خمسة
五

6
ستة
六

7
سبعة
七

8
ثمانية
八

9
تسعة
九

10
عشرة
十

11
أحد عشر
十一

12

اثنا عشر
....
十二

13

ثلاثة عشر
....
十三

14

أربعة عشر
....
十四

15

خمسة عشر
....
十五

16

ستة عشر
....
十六

17

سبعة عشر
....
十七

18

ثمانية عشر
....
十八

19

تسعة عشر
....
十九

20

عشرون
....
二十

100

مائة
....
百

1.000

ألف
....
千

1.000.000

مليون
....
百万

اللغات

语言

الإنكليزية

英语

الإنكليزية الأمريكية

美式英语

لغة ماندارين الصينية

普通话

الهندية

印地语

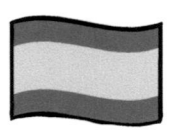

الإسبانية

西班牙语

الفرنسية

法语

العربية

阿拉伯语

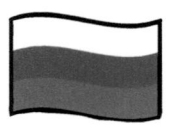

الروسية

俄语

البرتغالية

葡萄牙语

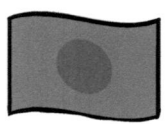

البنغالية

孟加拉语

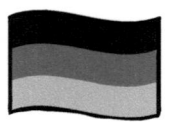

الألمانية

德语

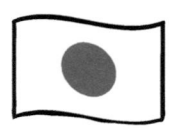

اليابانية

日语

من / ماذا / كيف

谁/什么/怎样

أنا

我

أنت

你

هو / هي

他/她/它

نحن

我们

أنتم

你们

هم

他们

من؟

谁？

ماذا؟

什么？

كيف؟

怎样？

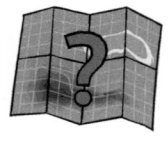

أين؟

哪里？

متى؟

什么时候？

اسم

名字

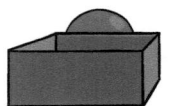

أين
方位

خلف

后面

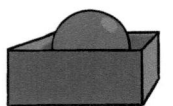

في

里面

أمام

前面

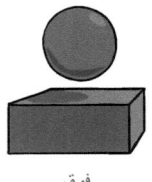

فوق

上方

على

上面

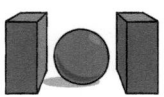

تحت

下面

جنب

旁边

بين

中间

مكان

地点